NÉCESSITÉ

ET

MOYENS D'ÉTABLIR

LA FORCE PUBLIQUE,

SUR

LA ROTATION CONTINUELLE DU SERVICE MILITAIRE,

ET

LA REPRÉSENTATION NATIONALE,

SUR

LA PROPORTION EXACTE DU NOMBRE DES CITOYENS.

PAR F. LANTHENAS, D. M.

(*Extrait de la Chronique du mois; septembre.*

A PARIS,

Chez les Directeurs de l'Imprimerie du CERCLE SOCIAL, rue du Théâtre-François, n°. 4.

1792.

L'AN 4e. DE LA LIBERTÉ.

Choisissez des hommes sages et habiles, afin que je les établisse chefs de vos *tribus*, de vos *centaines*, de vos *cinquantaines*, de vos *dizaines*, et qu'ils VOUS INSTRUISENT DE TOUT.

Deuter. ch. I. *v.* 13 *à* 17.

NÉCESSITÉ
ET
MOYENS D'ÉTABLIR
LA FORCE PUBLIQUE,

Sur la rotation continuelle du service militaire, et la REPRÉSENTATION NATIONALE, sur la proportion exacte du nombre des citoyens.

---

§. PREMIER.

Dangers des armées permanentes.

Plusieurs principes de division ont été conservés ou jettés à dessein dans nos loix nouvelles, pour affoiblir un peuple de frères, que le 14 juillet 89, le 21 juin 91 et plusieurs autres époques de la révolution ont vu ne faire qu'une seule famille. Mais aucun n'est plus funeste que celui qui a présidé à l'organisation de la force publique. Malgré la déclaration des droits, une multitude d'individus se trouve dépouillée par la loi, ou dégoûtée par des distinctions impolitiques et vicieuses, de l'exercice du plus sacré de tous, celui de se *réunir à son voisinage* pour résister à l'oppression.

Ce droit sacré qui résulte de l'instinct même de la nature, le despotisme s'est appliqué à le faire méconnoître pour bientôt anéantir, comme auparavant, jusques à l'apparence même de son souvenir. Les rois savent bien que sitôt qu'ils sont maîtres de la force, ils le deviennent de la loi ; et que ce qu'ils n'obtiendroient pas ouvertement par la première, ils peuvent se le procurer, en créant tous les évènemens qu'il leur plaît, et en abusant après impunément du nom de celle-ci, pour imprimer la terreur aux hommes même les plus hardis.

La théorie du despotisme ne sauroit être trop présente à l'esprit des peuples qui ont à s'en préserver. Cessons de calomnier le nom de Machiavel; apprenons plutôt dans ses œuvres, à connoître l'hypocrisie, la dissimulation, la scélératesse des tyrans. Vous qui, pour étouffer par la terreur et au nom de la loi, les premières explosions de notre liberté, ourdites plusieurs massacres dans Paris, à la maison de Reveillon fauxbourg Saint-Antoine, rue meslée et dans d'autres quartiers; vous sur-tout, qui fîtes égorger nos frères à Nancy, et qui les immolates à la Chapelle et au Champ-de-Mars, avouez maintenant la trame connue de vos complots: vous désillerez les yeux d'un peuple toujours abusé; vous serez une fois utiles!

Pour une nation qui ne pense qu'à se garder elle-même, et qui ne veut point conquérir, une armée sur pied est un fardeau aussi inutile que pénible et dangereux. Son seul poids détruiroit une partie des bons effets de la liberté, lors même qu'à la longue il ne devroit pas l'asservir. Il importe donc à tout peuple qui veut être libre, de ne point s'en laisser imposer à ce sujet, par d'adroits et impudens sophismes.

Les suppôts de la tyrannie émeuvent par la terreur; ils éblouissent par un faux air de savoir. A les entendre, sans armée sur pied, un pays peuplé de vingt-cinq millions d'habitans, seroit sans défense: on ne pourroit apprendre la discipline militaire que dans l'oisiveté et la corruption des casernes: le courage même ne se trouveroit que dans les soldats formés selon les loix et les intérêts du despotisme.

Certes! quand une nation, telle que celle qui couvre la France, veut tout ce qui est nécessaire pour se maintenir à jamais libre ; ses représentans n'ont qu'à la seconder ; et l'on verra combien étoient astucieuses et perfides ces assertions, avec lesquelles on a trompé tous les peuples, sur l'organisation de la force publique.

En 1647, l'armée du parlement d'Angleterre, après avoir courageusement défendu la liberté durant plusieurs années, devint l'instrument de l'asservissement le plus haissable, sous un tyran militaire : exemple mémorable, que nos frères armés pour la patrie, doivent avoir toujours présent.

Les milices nationales, elles-mêmes, long-tems retenues loin de leurs foyers, perdroient bientôt de vue la vie domestique ; de citoyens libres, elles deviendroient de pures machines, des soldats esclaves de leur paye et de la faveur de quelques chefs. —— Alors, servilement soumises au commandement, on leur persuaderoit avec facilité, *qu'un soldat n'a pas le droit de juger par lui-même* ; application absurde du principe de la discipline nécessaire pour conduire une armée, au droit de tout être raisonnable de juger du *bien* et du *mal*, et de peser les motifs de ses actions ! C'est ainsi que des citoyens, comme les satellites les plus aveugles, se persuaderoient ensuite, qu'un soldat doit servir, *sans examiner la justice, ou l'injustice de la guerre qu'il fait* : c'est ainsi qu'ils se soumettroient insensiblement à cette obéissance *passive* et *active* en même tems, qui fait du soldat l'instrument de la tyrannie : et qui, dépouillant l'homme de ses plus nobles facultés, le dégrade, et rend la profession des armes, le fléau des peuples et la honte du genre humain !

Si la force restoit au peuple, comme la nature l'y place, la justice, la loi, la force ne seroient jamais qu'un ; l'ordre et la liberté seroient toujours maintenus : la loi qui les assure, est nécessairement chère au plus grand nombre, on peut même dire, à la masse entière, sans égards pour quelques scélérats. Mais par-tout les tyrans savent tourner contre la liberté du peuple, par mille ruses qu'il n'apperçoit pas, la loi et la force dont ils se constituent peu à peu les seuls gardiens, Cherchons donc les moyens d'assurer constamment *force à la loi*, sans qu'aucun individu puisse abuser de la force, et la diriger à son *vouloir arbitraire.* La loi reprimera alors toujours le désordre et le crime, sans pouvoir jamais servir de manteau aux attentats des tyrans, ou des ambitieux, contre la liberté; parce que, s'ils pouvoient alors et s'ils osoient encore la pervertir à leurs desseins, le salut du peuple empêcheroit d'y obéir; et toujours ils tomberoient victimes de leur perfidie et de leur audace. En effet, qu'elle preuve n'en offrent pas les évènemens actuels ? Malgré toute l'adresse avec laquelle l'on avoit divisé et affoibli la force du peuple, il s'est heureusement levé à tems, tout entier, pour le salut de la liberté, de l'égalité, et celui de l'empire.

§. 3. *Rotation du service militaire ; ses avantages.*

Une rotation régulière pour le service militaire, de la part de toute la milice nationale, est le meilleur moyen de pourvoir au service journalier nécessaire et d'entretenir des armées en campagne. C'est en même tems, le moins à charge aux individus, le plus économique et le plus sûr pour l'état. Avec la régularité dont cette rotation de service est susceptible, personne ne seroit retenu hors de ses affaires domestiques, assez long-tems, pour ne pas les reprendre avec le même avantage après son service.

Les tacticiens ont indiqué, pour les cas où les troupes de plusieurs nations seroient fédérées ensemble, les meilleurs moyens de régler et de diviser le service général, dans une juste proportion. Ils ont donné des tables pour détacher les soldats des bataillons, de manière que le danger et la fatigue du service soient également partagés entre tous (1). A l'aide de tables pareilles, selon la force qui seroit nécessaire, on détacheroit de même, par chaque municipalité, canton, district et département, les gardes nationales, dans une porportion juste avec le nombre d'indvidus en état de porter les armes dans chacun d'eux. Par-là les travaux et les peines des devoirs militaires, pour la sureté commune, seroient également répartis dans la nation entière : le temps du service seroit diminué pour chaque individu ; et la connoissance des armes, l'habitude de la discipline circuleroient régulièrement, dans toutes les parties d'un peuple nombreux. Outre ces avantages, il en résulteroit un tel sentiment, pour chaque individu, de sa fraternité avec les communes de l'empire les plus éloignées, qu'on seroit pour jamais à l'abri de toutes jalousies particulières.

On sait comment se desunirent les anciens états de la Grèce : comment ils perdirent de vue l'intérêt mutuel de leur défense commune, sans lequel aucun d'eux ne put conserver long-tems sa liberté. Si leurs citoyens eûssent été accoutumés à servir dans une armée fréquemment renouvellée et également tirée de chaque état confédéré, d'après une table de justes proportions, jamais il n'y auroit eu d'occasion capable de diviser les Athéniens et les Lacédémoniens, ainsi que les autres états ; car ils eûssent tous également partagé les succès et les pertes ; aucun n'eût pu acquérir, par la victoire, des avantages dont les autres fûssent jaloux : chaque individu, dans tous les points de la Grèce, ne se seroit pas considéré seulement comme

(1) Général Bland's treatise of military discipline LONDON. De la p. 287 à 312. — Ces idées ont été développées en Angleterre, par *Granville Sharp*, un des amis les plus fervens des hommes. Voyez ses nombreux ouvrages, tous inspirés dar l'amour le plus vaste du bien ; mais entre autres, *Tracts concerning the ancient and only true légal means of national defense by a free militia.* third ed. London 1782.

membre d'un petit état ; mais rempli du sentiment de son véritable caractère social, il se seroit vu, avec plus de fierté encore, membre de la commune des citoyens libres, de la Grèce entière. Cette *circulation*, ou *rotation* du service militaire, eût été le lien d'union le plus efficace, pour garantir et conserver la communication et la liaison des parties les plus éloignées de ces états confédérés. Elle eût conservé la masse générale du peuple dans la faculté d'exercer ses travaux civils ordinaires ; et ils eussent été moins exposés à être entraînés loin des intérêts de la chose publique, en faveur des desseins arbitraires d'un commandant en chef, ou d'un petit tyran. Enfin, aucun officier militaire n'eût pu prendre plus de pouvoir et d'autorité que ce qui lui étoit délégué, par la majorité des suffrages du conseil général des citoyens choisis de toutes les parties de l'empire.

La circulation générale, et par tour, de tout devoir public, est comparable à un engrénage dont la rotation successive fait la perfection d'une belle machine. C'est elle qui donne la vie à un peuple libre : c'est par elle que, quelle que soit l'étendue d'un empire, il peut mouvoir et développer ses forces, comme meut et développe les siennes un corps vivant, animé d'un seul esprit. Mais ce mouvement régulier est sur-tout important pour le service militaire ; et il exige le développement le plus parfait de l'esprit public.

§. 3. *Application à la France du principe de la rotation du service militaire.*

Le peuple françois peut compter, selon le mode le plus reçu d'estimation, six à sept millions de citoyens en état de porter les armes, qui tous, alors, ont un droit naturel à une part égale d'influence sur la représentation nationale. Or, avec ce nombre de citoyens soldats, on peut entretenir une armée de 150,000 hommes, en n'exigeant de chaque

chaque citoyen, qu'un mois de service effectif, dans l'espace de trois ans et demi. Pour porter à 300,000 hommes la force publique, il ne faudroit qu'un mois de service sur deux ans; enfin pour l'élever au dégré formidable de 600,000 hommes, il suffiroit d'un mois de service dans l'année. On verroit ainsi ces masses énormes, comme les flots d'un vaste océan, s'ébranler, se grossir, se renouveller sans cesse, et faire pâlir les tyrans qui oseroient menacer les frontières.

Les fêtes et tous les delassemens des citoyens seroient désormais consacrés à l'exercice des armes. Les plus aisés formeroient des escadrons de cavalerie : et tous, quand leur tour de service s'approcheroit, seroient exercés tous les jours plus soigneusement que les autres, après les heures de travail, un mois, au moins, avant leur marche.

Un camp d'exercice, à une distance convenable de l'ennemi, dans une position centrale, recevroit d'abord les milices nationales. Là, elles seroient exercées en grands corps, par des officiers généraux, pendant un mois ou six semaines, avant que d'être mises en face de l'ennemi.

Au bout de 42 mois, de deux ans, ou d'une année, tous les citoyens de l'empire en état de servir, outre les exercices des jours de fête, et la garde de leur canton, auroient passé à leur tour, au camp de discipline et à celui de service ; et ils seroient faits pour toujours à cette rotation. Le tems qu'elle exigeroit, ne pourroit doubler qu'après que l'on auroit perdu, ce qui est à jamais impossible, la moitié des citoyens en état de porter les armes, c'est-à-dire, 3,125,000 hommes. On voit donc bien aisément ici ce que pourroit le peuple françois, si, au lieu d'enchaîner ses forces, par des institutions militaires qui ne conviennent qu'au despotisme, on développoit son énergie, par celle-ci, la plus convenable à la liberté.

La certitude que le service ne dureroit pas plus d'un mois et l'assurance de retourner aussitôt dans ses foyers, au bout de deux mois au plus, en supposant un mois pour aller rejoindre et s'en retourner, ne feroient bientôt de ce déplacement, pour tous les citoyens, comme de tous les exercices militaires, qu'une diversion à la vie ordinaire agréable et très utile.

Quelque délicate que soit la vie que mènent, dans leurs foyers, les citoyens à qui la fortune donne le plus d'aisance, qu'ils ne s'épouvantent pas de cette habitude des exercices militaires, de l'austérité des camps et de la discipline la plus exacte qui doit régner sous les armes. J'ai prouvé ailleurs (1) que la santé et tous les plaisirs qui naissent d'elle, ne peuvent que gagner à cette vie austère. Aucun citoyen, pas même, j'ose l'assurer, le sexe le plus foible, lorsque la patrie sera menacée d'un pressant péril, ne redoutera le service militaire, quand il se fera comme je l'indique; quand surtout, la guerre ne pourra plus être entreprise et soutenue que pour la défense des droits de l'humanité contre la tyrannie : car alors, on peut le prédire, les peuples libres seront en paix et unis pour la défense commune.

§. 4. *Moyen de réaliser et de faciliter la rotation de tous les services civils et militaires.*

La France formée maintenant de départemens, de districts, cantons et municipalités, se trouve divisée par voisinages d'une étendue parfaitement proportionnée à l'action naturelle de la société. Il falloit seulement encore faire, de la population qui la couvre, des divi-

(1) Voyez *de l'influence de la liberté sur la santé la morale et le bonheur.* Paris, au Cercle Social, rue du Théatre-François. (Extrait de la Chronique du mois. Juin dernier.) prix 10 s., et 12 s. franc de port.

sions numériques, qui indicassent exactement et avec facilité ses proportions, afin d'exécuter avec la plus grande précision, les divers rouages d'un gouvernement libre. Tel auroit été le fruit de la division de tous les citoyens de l'empire par *dixaines*, *centaines* et *milles*. Elle fut très-anciennement connue et pratiquée. Je donnerai d'abord l'esquisse de ce qu'on peut faire pour l'établir parmi nous ; et j'insisterai ensuite sur les motifs qui doivent la faire préférer.

1°. La division des citoyens par *dixaines*, *centaines* et *milles* doit comprendre tous les chefs de famille établis d'une manière quelconque.

2°. Elle se formera de proche en proche par voisinages. Chaque *dixaine* se nommera un chef de dixaine ; dix dixaines, ou cent citoyens se nommeront un chef de centaine ; enfin, dix centaines ou mille citoyens se nommeront un chef de mille : ces nominations se renouvelleront régulièrement au moins tous les ans. Les citoyens qui composeront ensemble ces divisions répondront mutuellement les uns des autres devant la loi, pour leurs mœurs, leur conduite et toute violence faite dans leur voisinage, qu'ils auroient pû empêcher et contre laquelle ils n'auroient pas réuni leurs efforts ; ils répondront encore de la rentrée de l'impôt, de l'exécution des loix, de l'ordre et de la fidélité des élections ; ils devront connoître tous ceux qui seront suspects, etc.

3°. Tout individu qui ne sera pas établi ne pourra avoir voix délibérative dans ces divisions. Cependant il sera tenu de s'y faire recevoir sous la caution d'un chef de famille. Ceux qui n'y seront point aggrégés seront réputés vagabonds. Aucune loi ne forcera cette aggrégation pour un individu contre lequel il s'élevera des reproches fondés, soit sur sa conduite, soit sur ses mœurs, soit sur ses sentimens civiques.

4°. Dès l'âge de quatorze ans les jeunes gens seront tenus de se faire recevoir dans une dixaine, et les chefs recevront sa promesse de se dévouer au maintien et à la défense de l'égalité et des lois de sa patrie.

5°. Jusques à l'âge de 60 ans, chacun sera tenu de se présenter régulièrement dans sa dixaine, toutes les fois qu'il en sera requis, et d'exercer, dès l'âge fixé par la loi, tous les emplois civils ou militaires, auxquels il pourra être élevé par les divisions dont il sera partie.

6°. Les chefs de *dixaines*, *centaines* et *milles* seront tenus de veiller sur les mœurs et l'instruction des citoyens qui les auront choisis ; de conduire les assemblées populaires qui ont cet objet en vue, et que ces citoyens formeront par *voisinages* ; de ramener fraternellement chacun à ses devoirs et à la raison ; d'exercer enfin les véritables fonctions de juges de paix ; d'empêcher que les querelles ne s'élèvent, et de faire que les procès se terminent promptement et à l'amiable.

7°. Ces chefs seront également tenus d'exercer et d'instruire au maniement des armes, aux évolutions, etc. leurs divisions respectives. Chaque individu, membre ou aggrégé de ces divisions devra avoir ses armes : les chefs veilleront à ce qu'elles soient tenues toujours prêtes et en bon état ; ils pourront infliger des peines, d'après la loi, à ceux qui se montreront à ces deux égards négligens. Ils fixeront des prix pour les plus habiles ; ils présideront aux fêtes nationales qui auront l'instruction ou les exercices militaires pour objet.

8°. Ceux qui seront chefs de mille, ou qui l'auront été depuis deux ans, pourront seuls être employés dans les commandemens généraux des armées : et ces commandemens seront à la nomination de l'assemblée des représentans de la nation.

9°. Les gardes nationales recevront une paye de l'état, dès quelles seront occupées à un service général, hors de leur territoire. Leur organisation sera toujours par *dixaine*, *centaine* et *mille*. Elles seront alors tirées de chaque lieu de l'empire, dans une proportion égale au nombre total et respectif des citoyens en état de porter les armes, relevé, connu, publié d'après une table dressée tous les ans, à cet effet.

10°. Toutes les années, au mois de mai, le peuple s'assemblera dans chaque canton. Chaque dixaine, outre les aggrégés qui ne seront pas chefs de maison, aura encore, ce jour-là, les femmes, les filles et les enfans qui en dépendront. On mangera en commun réunis par divisions, et avant ou après le repas civique et frugal, pris avec ordre, devant les portes des maisons, les magistrats procéderont au recensement général.

11°. Ce recensement établira le nombre exact d'individus et chefs de maison, inscrits dans chaque dixaine, le nombre d'hommes en état de porter les armes, et de personnes du sexe dans chacune d'elles. Il fera connoître la juste proportion à prendre, par département, district, canton, municipalité, pour le service militaire et pour les élections. Par ce moyen la rotation du service militaire se fera avec facilité; les élections étant directes et la représentation égale, les conseils représentatifs, fréquemment renouvellés, pourront être moins nombreux, sans inconvéniens pour la liberté et avec un grand avantage pour la chose-publique.

Chaque dixaine sera plus ou moins nombreuse, selon qu'elle comptera plus de simples aggrégés; qu'elle sera composée par conséquent de citoyens industrieux, tenus de répondre de leurs ouvriers, et de les représenter pour les instructions communes, le service et les exercices militaires.

12°. Ainsi supposant en France de propriétaires, artisans ou ouvriers établis et connus dans leur voisinage pour citoyens honnêtes, ayant en leur nom, une propriété ou une location quelconque, . . . 6,000,000.

On auroit de chefs de dixaines, ... 600,000.

De chefs de centaines, ... 60,000.

De chefs de milles, ... 6,000.

Donnant un représentant par chaque

nombre de dix mille citoyens établis, on auroit une assemblée représentative de . . . 600.

Et peut être les choses étant une fois établies sur les larges bases de l'égalité, pourroit on les réduire à moitié sans inconvéniens, et ne donner qu'un représentant par chaque nombre de vingt mille citoyens; la célérité des affaires et l'économie gagneroient beaucoup à cet arrangement préféré par les Américains, si l'on ne choisissoit plus que les hommes vertueux les plus habiles.

13°. Toute élection sera directe et faite sous l'inspection des chefs de *dixaines*, *centaines* et *milles*, avec ordre, le plus grand scrupule, et *à voix haute*; l'on tirera toujours au sort, entre les trois individus qui auront réuni le plus de suffrages. (1)

14°. La proportion pour le service militaire, sera exacte; seulement les dixaines où il se trouvera plus de jeunes gens et plus d'aggrégés, en auront le service plus facile étant plus nombreuses: et ce sera un soulagement pour les pères de famille et pour les citoyens les plus industrieux qui par-là auront un service moins fréquent encore que je ne l'établis ici.

15°. Les troupes de ligne seront dissoutes: on procurera à leurs soldats et officiers des terres ou un établissement quelconque. En attendant qu'on ait ainsi pourvu à leur subsistance, leur paye sera continuée:

(1) La société respectable, qui se désigne sous la dénomination d'AMIS, fait toujours entrer le sort, pour élément dans ses élections. Cette pratique est fondée sur la vive confiance des membres de cette société, dans une providence paternelle qui veille sur les hommes. Pour ceux qui ne seroient pas également touchés de ce motif, une autre raison pourroit cependant les déterminer à voter pour que la même pratique soit introduite dans nos élections; c'est, qu'elle nourrit l'égalité, économise le tems, et qu'elle rompt les combinaisons de l'intrigue, le fléau de la liberté!

et ils feront le service incorporés dans les gardes nationales et sous leur même régime.

16°. La nation créera d'autres récompenses que celles inventées par le despotisme, en rubans, pensions et grades, pour les actions *d'éclat*, ou les services soutenus, rendus à la liberté et à la sureté publique.

17°. Tout soldat deviendra chef de *dixaine*, *centaine*, ou *mille*, par le seul choix de ces divisions : et au terme fixé, il rentrera dans la masse commune des citoyens ; la continuité des grades nourrissant l'orgueil et étant une source d'aristocratie.

18°. Tous les départemens des frontières s'appliqueront aux exercices que peut exiger la *défense locale* qui y sera soigneusement entretenue ; les départemens de l'intérieur y enverront de leurs gardes nationales pour s'y exercer ; l'on établira des signaux ; on saura dans chaque point de l'empire, ce qui doit y être mis instantanément en usage, de plus avantageux à la défense commune dans le cas d'invasions, etc. (1)

19°. Les camps d'exercice où se réuniront les gardes nationales de tout l'empire, seront employés quand il n'y aura point d'ennemis à combattre, à de grands travaux publics, comme desséchement de marais, acqueducs, canaux, digues, chemins, etc.

20°. Il sera établi un nombre suffisant d'écoles d'artillerie, de génie et de marine ; les élèves de ces écoles seront envoyés de chaque département, dans une proportion égale. Chaque département aura une liste des citoyens qui auront fait leur service et leurs preuves dans ces diverses parties ; dans les besoins du service, ils seront appellés proportionnellement.

(1) Voyez un excellent ouvrage qui vient de paroître sur cette matière, intitulé : *Défense de Paris et de tout l'Empire*, par A. P. J. Belair, ci-devant capitaine d'artillerie. A Paris, chez les Directeurs de l'Imprimerie du Cercle Social.

21°. La marine nationale quand elle devra être mise sur pied, sera recrutée dans la marine marchande, et ce dans une proportion exacte au nombre de citoyens qui se trouveront composer celle-ci, dans toutes les départemens maritimes.

§. 5. *Des avantages du classement des citoyens, par divisions numériques, et de ceux de la rotation du service militaire et de tous les emplois civils.*

La division des citoyens par *dixaines*, *centaines* et *milles* est si simple et si naturelle; ses bons effets dans toutes les sortes de gouvernemens légitimes, sont si grands et si sensibles, qu'on a lieu de s'étonner de l'oubli où elle est tombée.

Depuis Moyse, cependant, qui l'employa pour organiser la chose publique des juifs, d'après les conseils qu'il dit recevoir de Dieu même (1), jusques au roi *patriote*,

(1) « *Choisissez* entre vous, et présentez-moi des hommes » sages et habiles qui soient d'une vie exemplaire et d'une » probité reconnue, afin que je les établisse vos chefs.

» Vous me répondîtes alors, c'est une très-bonne chose que » vous voulez faire.

» Je pris donc de vos tribus des hommes sages et expéri» mentés : Je les établis chefs de tribus, de centaines, de » cinquantaines et de dixaines, pour vous INSTRUIRE DE » TOUT, et je leur dis, écoutez-les, et jugez selon la » justice, citoyens ou étrangers; ne mettez aucune diffé» rence entre les personnes; recevez le petit comme le grand, » et sans acception; songez que vous tenez la place de Dieu. » Deuter. chap. 1. v. 13-17.

C'est Dieu qui parle ici, c'est la justice même *personnifiée*, la perfection de toutes les qualités morales par essence, qui *confirme*, qui *établit* ce que le peuple a *voulu*, ce qu'il a *choisi*. Mille endroits de l'histoire étonnante des juifs mon-

le

le grand Alfred, qui la fit revivre pour le bonheur du peuple Anglois, on trouve par-tout, dans l'histoire ancienne

trent ensuite de la manière la plus expressive, ce qu'on doit attendre des rois, quand ce sont eux qui *sanctionnent* ce que les peuples *veulent*. Les rois ôtent bientôt aux peuples la faculté de *vouloir* et de *choisir*, et ils disposent ensuite de tout à leurs caprices et d'après leur *vouloir impie et arbitraire*. Voy. le liv. 1. des Rois, chap. 8. v. 11 et suiv. Voyez les paroles remarquables du prophète Osée : *Dixisti : da mihi regem. Dabo tibi regem in furore meo !* c. 13. v. 11.

Malheureusement, dans la théocratie des juifs, établie par Moyse, les prêtres seuls firent d'abord parler *l'esprit de la justice personnifiée* ; ils se mirent bientot à sa place : et c'est ce qui leur valut les justes imprécations du Christ.

L'autorité révérée de ces deux législateurs, n'auroit-elle pas dû préserver de l'oubli l'institution sacrée de la division du peuple, en tribus ou *milles*, *centaines*, *cinquantaines* et *dixaines*, ainsi que les élections ? C'est encore ici une preuve nouvelle et bien frappante que les prêtres n'ont qu'un zèle hypocrite. (Voyez mon ouvrage, *inconvéniens du droit d'aînesse*, etc. et particulièrement la note dernière).

Les prêtres chrétiens de toutes les sectes, ont comme ceux du judaïsme et du paganisme, uniquement travaillé à élever leur domination. Ils devoient être néanmoins bien différens, d'après le livre qui sert de base à la doctrine qui les fait régner, si les meilleurs principes de la liberté, les plus belles maximes de la sagesse et les traits les plus hideux de la tyrannie pouvoient toucher ces hommes qui n'ont généralement été par-tout que les apôtres de l'esclavage et de la superstition. Jusques à quand les peuples seront-ils donc dupes de ces imposteurs ? Jusques à quand croiront-ils que celui qui peut *voir* et *lire* lui-même a besoin de *voyans* et de *lecteurs* ? L'exemple des paisibles AMIS, qui n'ont point de prêtres et se montrent les meilleurs chrétiens, s'il est suivi par les peuples qui peuvent briser leurs chaînes, doit enfin rendre la paix et la liberté à l'univers.

et dans l'histoire moderne, des preuves de l'excellence, de l'utilité de cette division.

Dictée par la nature même, elle semble avoir été employée par-tout où la liberté et la civilisation ont marché d'un pas égal.

C'est à elle, que les anciennes républiques durent leurs plus beaux tems; comme son relâchement fut la première cause de leur perte. Les Romains la firent connaître par-tout où ils étendirent leurs conquêtes et leurs colonies; et on trouve qu'elle fut établie après eux en Angleterre et dans les Gaules.

Le despotisme sappa insensiblement cette institution; il fit tomber en désuétude les élections qui en étoient l'esprit et la vie : il érigea en aristocratie les chefs qui se trouvèrent en place; et il ne resta d'elle, que des charges sans emploi, et des noms sans signification, dont le peuple ignora bientôt l'origine (1).

Les Anglois appellèrent *frankpledge* ou CAUTION FRANCHE, cette division du peuple, qui non-seulement convient *à la plus parfaite liberté*, dont la nature humaine puisse jouir, mais qui offre encore, ce qui est le plus propre à remplir le but de tout gouvernement, pour la

(1) Au moment de la révolution, il existoit encore, à Paris, des charges de *quartenier*, de *dixainier*, de *cinquantenier*, auxquelles il n'étoit rien attribué, que des commissions de police très subalternes, même sans exercice, et qui n'étoient plus recherchées que pour quelques minces privilèges qu'elles donnoient.

Quelques-uns de ceux qui en étoient pourvus, furent chargés par le gouvernement, de présider les premières assemblées de district; et il ne vint seulement pas à l'idée d'aucun d'eux, en les ouvrant, de se montrer, par un motif tiré de la nature même de leur charge, l'homme du peuple, et non celui du tyran qui les mettoit, sans les connoître lui-même, et malgré lui en exercice.

défense de la commune, *l'exécution de toutes les loix* JUSTES ET ÉGALES, *et le maintien de la paix publique* : « admi-
» rables avantages, s'écrie un jurisconsulte anglois de
» bonne foi, (Lombard), qui résulteroient pour la
» chose publique, de cette division numérique des
» citoyens, que nos anciennes loix recommandent, si
» nous cessions enfin, de nous contenter de son ombre,
» dans notre prétendue représentation nationale, qui
» fait oublier une institution aussi salutaire.

En effet, J. Brompton rapporte, dans sa chronique, qu'au milieu des armes le grand Alfred rétablit les *centuries* et les *décuries*, et qu'il maintint si bien, par elles seules, les loix et les mœurs, qu'ayant fait suspendre des bracelets d'or, sur les grands chemins, au lieu même de leurs divisions, pour tenter l'avidité des passans, personne n'osa, ou ne fut tenté, de les enlever (1); et un autre historien ajoute, que quoique les routes fussent remplies de soldats, la fille la plus belle et la plus innocente pouvoit se trouver seule dans les champs, sans avoir à redouter aucune insulte (2); heureux effets de la surveillance exacte et générale que produisit entre les citoyens et les soldats, *la caution franche et libre*, dont ils étoient les uns des autres, par cette division.

Avec les avantages de notre siècle, le progrès immense de tous les arts qui servent à l'expansion des lumières et à la rapidité des communications, quels fruits heureux ne produiroit pas aujourd'hui le même établissement ? Il seroit par-tout une source d'ordre et d'harmonie ; toute espèce de tumulte et d'excès seroit à jamais prévenue ; et la nation cependant se leveroit facilement au besoin toute entière.

C'est par cette division que les mauvais citoyens, les ambitieux, et les corrupteurs effrénés des mœurs, éter-

(1) Twisden's hist. Anglicanæ scriptores antiqui, p. 318.
(2) Speed, p. 358.

nels agens du despotisme, seroient forcés, ou de s'exiler, ou de changer de principes et de conduite. Elle suppléeroit à une foule de loix et de réglemens d'une exécution difficile. Par elle, chaque point d'un empire deviendroit agissant, sans nuire à l'activité du centre dont elle entretiendroit au contraire le foyer. Elle augmenteroit ainsi la vie et la force du corps social; elle rempliroit les armées de phalanges invincibles d'amis, de voisins réunis; et à la première apparence d'une invasion, elle hérisseroit chaque lieu, de soldats.

Si nous avions fait revivre cette utile division, aurions nous soufferts tant de maux qui ne résultent que du désordre et du tumulte nourris et excités par les propres ennemis de notre liberté qui se confondent avec nous pour nous trahir? Aurions-nous été exposés à la désertion scandaleuse de tous nos officiers militaires ci-devant nobles, si l'on n'avoit employé dans les armées que les chefs des dixaines, des centaines et des milles nommés par les citoyens, dans leurs divisions respectives? Aurions-nous enfin souffert ce déluge de vices, d'hypocrisie et d'audace qui a corrompu les imaginations malades d'une foule de citoyens, souillé le gouvernement et calomnié notre révolution chez tous les étrangers, si les citoyens s'étoient surveillés les uns les autres, si le respect pour les mœurs nationales, les droits, la liberté des nations et la dignité du peuple, avoit été efficacement maintenu par cette *excommunication* que l'usage pervers et arbitraire qu'en ont fait les prêtres et les tyrans a décriée, mais qui est évidemment dans les droits de toute communauté sociale, et ne peut qu'être approuvée, quand elle est employée pour le salut de la chose publique.

Non, il n'est pas de nation qui puisse être parfaitement libre et assurée de rester telle sans cette base fondamentale de toute organisation sociale, dictée par la sagesse même, éprouvé par l'expérience de plusieurs peuples. La France doit l'adopter, et c'est à ce moment même, le point le plus pressant de l'intérêt national.

Je ne doute donc pas que ces courtes réflexions ne soient pesées par les meilleurs esprits, avec l'attention qu'elles méritent, et qu'ils ne se réunissent par-tout, pour en demander l'exécution.

D'après ces idées d'ordre, d'harmonie et de proportion, sans lesquelles tout devient confusion, j'ai plusieurs fois invité la société des amis de la constitution de Paris, à former dans son sein, des divisions qui établissent entre les membres qui la composent une sorte de caution mutuelle, pour la conduite et le caractère de ses membres, ainsi que pour l'ordre et le calme de ses séances. Quel bien ne seroit-il pas résulté pour toute la France de l'adoption de cette idée simple que les amis de la liberté devoient s'empresser d'accueillir et de faire triompher de l'ignorance et de la mauvaise foi qui ont pû seules la combattre et la faire rejetter? Si cette société avoit adopté un avis que j'ose appeller sage, son exemple eut forcé l'assemblée nationale à user du même moyen pour assurer le calme et l'ordre dans ses délibérations qui trop souvent, comme toutes nos assemblées populaires, au milieu du bruit le plus confus et des voix contraires de toutes les passions, présentent au vrai le tableau de la confusion des langues.

Le désordre, le bruit, l'ivresse des applaudissemens ou des improbations ne peuvent servir que les desseins pervers des méchans : les tolérer dans les grandes assemblées, c'est être leur complice. Les séducteurs de l'opinion s'élèvent et écrasent les amis purs de la vérité, en excitant l'intolérance Manège infernal, qui a fait plus de tort à la liberté qu'aucun autre moyen employé par ses ennemis, et qu'il est cruel de dénoncer toujours en vain.

L'on a préféré le tumulte le plus fatigant à cet ordre silencieux, nécessaire dans les plus petites discussions et indispensable dans les délibérations les plus solemnelles. Il semble qu'on ait eu pour motif, de sauver, par cette indiscipline, la liberté, des coups perfides que lui portoient ses ennemis. Tel est le fruit de la conduite astucieuse que le gouvernement, jusques à la révolution de 92, n'a cessé de tenir envers le peuple, dont il a été le premier et le continuel *agitateur*.

Une conduite calme soutenue d'un grand courage, auroit également sans doute sauvé la liberté ; et peut-être eut elle prévenu bien des maux devenus nécessaires. La véritable force est dans le courage réfléchi : c'est celui des peuples, libres et leur résistance passive suffiroit pour les sauver toujours de l'oppression de leurs gouvernemens, si les moyens d'insurrection, c'est à dire d'agir en masse, n'étoient pas précisément ce qu'ils se hâtent de détruire, quand ils veulent devenir oppresseurs.

J'invite donc de nouveau tous les bons citoyens à méditer ce que je propose et à en faire l'application qui dépend d'eux, dans leurs sociétés patriotiques, dans leurs réunions pour les exercices des armes et dans les assemblées primaires. Je suis certain que l'ordre, l'instruction, le bien public en seront le fruit, et que leur exemple sera imité par-tout, au grand avantage des vrais principes de la LIBERTÉ (1).

(1) Pour plus de développement de ce système, de ses avantages. de son application au *civil*, au *militaire*, au *clergé*, de son existence chez les peuples anciens, et particulièrement chez les juifs, on peut consulter les ouvrages de *Granville Sharp*, mais entre autres, celui-ci : AN ACCOUNT OF THE CONSTITUTIONNAL ENGLISH POLITY, ect. — ou, *Essai sur la police constitutionnelle d'Angleterre, des cours de réunion des citoyens et particulièrement de la GRANDE COUR annuelle DU PEUPLE, appellée la* REVUE DE LA CAUTION

FRANCHE, dans laquelle le corps entier de la nation étoit arrangé par DIXAINES, CENTAINES, MILLES, London, printed for B. White, fleet street, 1786. 1 vol. in-8°. de 416 p.

L'auteur montre dans cet ouvrage, de la manière la plus savante et la mieux détaillée, les heureux effets de cette excellente institution, pour prévenir les vols, les soulèvemens partiels et tous les autres désordres, ce qui, dit-il, l'a fait nommer dans les anciennes loix d'Angleterre, SUMMA ET MAXIMA SECURITAS. Il y prouve, qu'elle seroit également avantageuse à tous les pays, soit qu'ils soient gouvernés sous la forme monarchique ou sous la forme républicaine; enfin, il y fait voir que pour l'Angleterre en particulier, elle donneroit un moyen efficace de réformer la corruption de son parlement, en rendant la représentation des peuples, *parfaitement égale*, proportionnement au nombre exact et total des chefs de famille, changement infiniment désirable, pour la liberté de ce pays. Voyez *Review of the constitution of great-Britain 3e. édit. with considerable additions, by* JOHN OSWALD. Paris, au Cercle Social, rue du Théatre-François, n°. 4.

A PARIS, de l'Imprimerie du CERCLE SOCIAL, rue du Théâtre-François, n°. 4.

www.ingramcontent.com/pod-product-compliance
Ingram Content Group UK Ltd.
Pitfield, Milton Keynes, MK11 3LW, UK
UKHW032027260826
14628UKWH00006B/2772

9 782011 907431